Crumbles
gourmands

Marie Joly

Crédits des photographies :
Couverture : Husnod/Photocuisine/Sucré Salé
P.23 : Shutterstock
P.12, p.19, p.27, p.32 : Studio City
P.7 : J.C. Riou/Photocuisine/Sucré Salé ; p.8 : B. Marielle/Photocuisine/Sucré Salé ; p.11 : J. Bilic/Photocuisine/Sucré Salé ; p.15 : J.C. Riou/Photocuisine/Sucré Salé ; p.16 : J. Bilic/Photocuisine/Sucré Salé ; p.20 : J. Bilic/Photocuisine/Sucré Salé ; p.24 : J.C. Riou/ Photocuisine/Sucré Salé ; p.28 : J.C. Riou/Photocuisine/Sucré Salé ; p.35 : A. Caste/ Photocuisine/Sucré Salé ; p.36 : J.C. Riou/Photocuisine/Sucré Salé ; p.39 : J.C. Riou/ Photocuisine/Sucré Salé ; p.40 : J. Bilic/Photocuisine/Sucré Salé ; p.43 : J. Bilic/Photocuisine/ Sucré Salé ; p.44 : P. Asset/Photocuisine/Sucré Salé ; p.47 : J.F. Riviere/Photocuisine/Sucré Salé ; p.48 : J.B. Hall/Photocuisine/Sucré Salé ; p.51 : P.L. Viel/Photocuisine/Sucré Salé ; p.52 : P.L. Viel/Photocuisine/Sucré Salé ; p.56 : M. Leduc/Photocuisine/Sucré Salé ; p.59 : J.F. Riviere/Photocuisine/Sucré Salé ; p.60 : Y. Bagros/Photocuisine/Sucré Salé ; p.63 : P.L. Viel/Photocuisine/Sucré Salé ; p.67 : Y. Bagros/Photocuisine/Sucré Salé ; p.68 : Sanoma/ Photocuisine/Sucré Salé ; p.71 : P.L. Viel/Photocuisine/Sucré Salé.

ISBN : 978-2-35288-250-3
Code Hachette : 50 6441 5

Rayon : Cuisine
Collection dirigée par Christian English & Frédéric Thibaud
Catalogue et manuscrits : www.city-editions.com

Dépôt légal : premier semestre 2009
Imprimé dans la C.E.E.

Sommaire

Crumbles sucrés

Crumbles salés

Un amour de crumble !

Un dessert anglais, très facile à réaliser, très populaire dans le monde et riche en fruits ? Le crumble, bien entendu.
À l'origine, ce dessert était uniquement préparé avec des pommes, mais il a été revu et corrigé par les cuisinières et les gourmands du monde entier. Il existe aussi dans des versions salées, toutes plus délicieuses les unes que les autres.
Nourrissant, complet, facile à faire et économique, ce plat a tout pour plaire.

Crumble signifie « émietter » en anglais ; il doit son nom à sa pâte qui forme des miettes entre nos doigts et donne son aspect si particulier.
Le principe fait penser à la tarte Tatin, avec la pâte disposée sur les fruits, mais la pâte du crumble offre de nombreuses possibilités : on peut la parfumer avec de la cannelle, de la noix de coco, des noisettes, du fromage, des herbes ou la rendre plus croustillante en y incorporant des flocons d'avoine.

Cette pâte essentielle à la préparation d'un crumble peut être travaillée à la main, comme indiqué dans cet ouvrage, mais elle peut aussi être préparée au robot : placez alors tous les ingrédients dans le bol du mixeur et mixez jusqu'à obtenir des miettes.

Cependant, si vous incorporez des flocons d'avoine, il faut les ajouter à la main afin de ne pas les mixer. Si votre pâte semble trop fine et sableuse, ajoutez du beurre ; si elle a tendance à faire un bloc, ajoutez de la farine.

Le crumble est prêt quand la pâte est bien dorée. Si votre four ne chauffe pas assez, passez le gâteau sous le gril pendant quelques minutes.
La garniture est parfois cuite à l'avance, et parfois elle est crue et recouverte de pâte ; il faut donc faire attention à laisser le plat assez longtemps au four pour cuire ces ingrédients.
Si le crumble grille trop vite, couvrez-le d'une feuille de papier d'aluminium afin qu'il ne brûle pas. Le crumble est servi dans son plat de cuisson afin de rester bien chaud.
L'utilisation de ramequins individuels est très pratique pour le service, et surtout ils permettent une jolie présentation.
Vous pouvez, afin qu'il reste bien chaud, laisser votre gâteau dans le four éteint jusqu'au moment de servir. Si vous avez peur que la pâte ne se ramollisse, faites-la cuire à part sur une feuille de papier sulfurisé et disposez-la sur les fruits à la dernière minute.
Dans ce cas, couvrez les fruits pendant la cuisson d'une feuille de papier d'aluminium afin qu'ils ne sèchent pas.

Le crumble se déguste seul ou accompagné de sauce. Vous trouverez dans l'ouvrage quelques recettes de crèmes ou coulis de fruits, mais vous pouvez aussi le servir avec une boule de glace ou de sorbet qui fondra sur le gâteau tiède.

Les crumbles terminent le repas avec panache, mais vous les apprécierez aussi au moment du goûter.
La plupart des crumbles salés accompagnent très bien des viandes ou des poissons en apportant les légumes et la pâte pour un repas complet.

Le crumble se plie à toutes vos envies d'arômes, de mélanges ou de simplicité.
Laissez-vous séduire par ce dessert riche en fruits et en saveurs, original et si typiquement british !

CRUMBLE AUX QUETSCHES ET AUX POMMES

Préparation : 30 mn
Cuisson : 40 mn

Difficulté : Facile
Pour 6 personnes

- 2 pommes
- 1 kg de quetsches
- 10 g de beurre
- 1 c.c. de cannelle
- 100 g de sucre

Pour la pâte :

- 200 g de farine
- 1 pincée de sel
- 100 g de beurre ramolli
- 90 g de sucre
- 60 g de poudre d'amandes

Un crumble fruité et agréablement parfumé à la cannelle.

1 Préchauffez le four à 180° (th. 6) et beurrez un plat à gratin. Épluchez les pommes, coupez la chair en morceaux, lavez les prunes et dénoyautez-les.

2 Faites fondre le beurre, ajoutez les fruits, le sucre et la cannelle, puis laissez cuire pendant 10 minutes.

3 Versez la farine dans un saladier, coupez le beurre en morceaux et ajoutez-le en travaillant du bout des doigts pour que la pâte forme des miettes.

4 Ajoutez le sucre, les amandes et mélangez à nouveau. Versez les fruits dans le plat, couvrez de pâte et mettez au four pendant 30 minutes environ.

Conseil : ajoutez une cuillère de rhum dans les fruits pour les parfumer.

CRUMBLE POMME BANANE COCO

Préparation : 20 mn
Cuisson : 45 mn

Difficulté : Facile
Pour 6 personnes

- 2 bananes
- 1 orange
- 3 pommes
- 2 c.s. de sucre roux
- ½ c.c. de cannelle
- 10 g de beurre

Pour la pâte :

- 80 g de sucre
- 150 g de farine
- 100 g de beurre
- 1 pincée de sel
- 100 g de noix de coco râpée

1 Préchauffez le four à 180° (th. 6) et beurrez un plat à gratin. Épluchez les pommes et coupez la chair en quartiers, pressez l'orange.

2 Faites fondre le beurre dans une casserole, ajoutez les pommes, le sucre, la cannelle et le jus d'orange.

3 Mettez la farine et le sel dans un saladier, ajoutez le beurre en morceaux et travaillez du bout des doigts pour obtenir des miettes.

4 Ajoutez le sucre et la noix de coco, puis mélangez à nouveau. Épluchez les bananes, coupez-les en rondelles et mélangez-les aux pommes.

5 Versez les fruits dans le plat, couvrez avec les miettes et mettez au four pendant 30 minutes environ.

Conseil : vous pouvez parfumer ce crumble en ajoutant un trait de rhum aux fruits.

Crumble aux quetsches et aux pommes

Crumble aux coings et aux pruneaux

CRUMBLE AUX MÛRES

Préparation : 15 mn
Cuisson : 30 mn

Difficulté : Facile
Pour 6 personnes

- 1 kg de mûres
- 50 g de sucre

Pour la pâte :

- 200 g de farine
- 1 pincée de sel
- 100 g de beurre
- 90 g de sucre
- 1 c.c. de cannelle

1 Préchauffez le four à 180° (th. 6) et beurrez un plat à gratin.

2 Mettez la farine et le sel dans un saladier, ajoutez le beurre en morceaux et travaillez du bout des doigts pour obtenir des miettes.

3 Ajoutez le sucre et la cannelle, puis mélangez à nouveau.

4 Répartissez les mûres dans le plat, puis recouvrez-les de pâte.

5 Mettez au four pendant 30 minutes en surveillant ; le crumble doit être doré.

Conseil : couvrez le crumble d'amandes effilées avant de le mettre au four. C'est encore plus savoureux.

CRUMBLE AUX COINGS ET AUX PRUNEAUX

Préparation : 20 mn
Cuisson : 1 h

Difficulté : Moyen
Pour 6 personnes

- 4 coings
- 250 g de pruneaux
- 1 orange
- 20 g de sucre
- 1 c.c. de cannelle en poudre

Pour la pâte :

- 150 g de farine
- 100 g de beurre
- 100 g de cassonade
- 50 g d'amandes mondées concassées

Un crumble très original pour découvrir la douceur des coings.

1 Préchauffez le four à 180° (th. 6) et beurrez un plat à gratin. Épluchez les coings, coupez la chair en morceaux et pressez l'orange.

2 Faites fondre le beurre, ajoutez les coings, les pruneaux, le jus, le sucre et la cannelle, puis laissez cuire pendant 30 minutes.

3 Versez la farine dans un saladier, coupez le beurre en morceaux et ajoutez-le en travaillant du bout des doigts pour que la pâte forme des miettes. Ajoutez le sucre, les amandes et mélangez à nouveau.

4 Versez les fruits dans le plat, couvrez de pâte et mettez au four pendant 30 minutes environ.

Conseil : vous pouvez agréablement parfumer le crumble avec un sachet de sucre à la vanille.

CRUMBLE À LA RHUBARBE
ET AUX POMMES

Préparation : 20 mn
Cuisson : 30 mn

Difficulté : Facile
Pour 6 personnes

- 500 g de rhubarbe
- 3 pommes
- 1 orange
- 1 sachet de sucre vanillé
- 20 g de sucre

Pour la pâte :
- 180 g de farine
- 100 g de beurre
- 80 g de sucre
- 50 g de noisettes moulues

Un crumble printanier avec une pâte croustillante aux noisettes.

1 Préchauffez le four à 180° (th. 6) et beurrez un plat à gratin. Épluchez la rhubarbe et les pommes, coupez-les en petits morceaux, pressez l'orange.

2 Mélangez les fruits, le sucre vanillé et le sucre avec le jus puis répartissez-les dans le plat.

3 Versez la farine dans un saladier, coupez le beurre en morceaux et ajoutez-le en travaillant du bout des doigts pour que la pâte forme des miettes. Ajoutez le sucre, les noisettes en poudre et mélangez à nouveau.

4 Couvrez les fruits de pâte et mettez au four pendant 30 minutes environ.

Conseil : vous pouvez aussi remplacer les noisettes par des amandes.

CRUMBLE À LA RHUBARBE
AUX MÛRES ET COULIS DE MÛRES

Préparation : 20 mn
Cuisson : 30 mn

Difficulté : Moyen
Pour 6 personnes

- 500 g de rhubarbe
- 500 g de mûres
- 1 sachet de sucre vanillé
- 20 g de sucre

Pour la pâte :
- 180 g de farine
- 100 g de beurre
- 80 g de sucre
- 50 g d'amandes en poudre

Pour le coulis :
- 300 g de mûres
- 100 g de sucre fin
- ½ citron

1 Lavez les mûres et mettez-les dans une casserole avec le jus du citron ; faites cuire doucement pendant 10 minutes en mélangeant, puis passez au chinois. Ajoutez le sucre et remettez sur le feu pendant 10 minutes.

2 Préchauffez le four à 180° (th. 6) et beurrez un plat à gratin. Épluchez la rhubarbe, coupez-la en morceaux, puis lavez les mûres. Mélangez la rhubarbe avec les mûres, le sucre vanillé et le sucre, puis répartissez-les dans le plat.

3 Mettez la farine dans un saladier, ajoutez le beurre en morceaux et travaillez du bout des doigts pour obtenir des miettes. Ajoutez le sucre et les amandes en poudre puis mélangez.

4 Couvrez les fruits de miettes et mettez au four pendant 30 minutes environ.

Conseil : avant de mettre au four, parsemez le crumble d'amandes effilées qui grilleront pendant la cuisson et rendront votre crumble irrésistible.

Crumble à la rhubarbe et aux pommes

Crumble au citron

CRUMBLE AUX POIRES ET AUX FIGUES FRAÎCHES

Préparation : 15 mn
Cuisson : 40 mn

Difficulté : Facile
Pour 6 personnes

- 6 figues fraîches
- 4 poires
- 10 g de beurre
- 50 g de sucre roux
- 1 pointe de quatre-épices

Pour la pâte :

- 200 g de farine
- 100 g de beurre
- 100 g de cassonade
- 1 c.c. de cannelle

1 Préchauffez le four à 180° (th. 6) et beurrez un plat à gratin.

2 Épluchez les poires, coupez la chair en morceaux, lavez les figues et coupez-les en quatre.

3 Faites fondre le beurre, ajoutez les fruits, le sucre et le quatre-épices, puis laissez cuire pendant 10 minutes.

4 Mettez la farine dans un saladier, ajoutez le beurre en morceaux et travaillez du bout des doigts pour obtenir des miettes.

5 Ajoutez le sucre, la cannelle et mélangez à nouveau.

6 Versez les fruits dans le plat, couvrez de pâte et mettez au four pendant 30 minutes environ.

Conseil : vous pouvez ajouter une pointe de cannelle pour parfumer ce crumble.

CRUMBLE AU CITRON

Préparation : 20 mn
Cuisson : 40 mn

Difficulté : Facile
Pour 6 personnes

- 4 citrons
- 4 œufs
- 150 g de sucre
- 1 c.s. de maïzena
- 1 yaourt brassé

Pour la pâte :

- 200 g de farine
- 1 pincée de sel
- 100 g de beurre
- 90 g de sucre

Un délicieux crumble dédié aux amoureux du citron.

1 Préchauffez le four à 150° (th. 5) et beurrez un plat à gratin. Mettez la farine et le sel dans un saladier, ajoutez le beurre en morceaux et travaillez du bout des doigts pour obtenir des miettes. Ajoutez le sucre, mélangez à nouveau, puis réservez au frais.

2 Lavez les citrons, prélevez quelques zestes, puis pressez-les. Mettez les zestes et le jus des citrons dans une casserole avec le sucre et la maïzena.

3 Faites chauffer doucement, battez les œufs entiers et ajoutez-les en fouettant. Laissez chauffer en mélangeant jusqu'à ce que la préparation épaississe ; ajoutez le yaourt, puis versez dans le plat.

4 Couvrez de miettes, mettez au four pendant 20 minutes environ et passez sous le gril pour gratiner.

Conseil : ajoutez un citron vert pressé dans la crème de citron pour un parfum encore plus exotique.

CRUMBLE D'ANANAS

Préparation : 15 mn
Cuisson : 30 mn
Difficulté : Facile
Pour 6 personnes

- 2 ananas
- 1 orange
- 20 g de sucre
- 1 c.c. de cannelle en poudre

Pour la pâte :
- 150 g de farine
- 100 g de noix de coco râpée
- 100 g de sucre
- 100 g de beurre mou

Ananas, cannelle et noix de coco se marient dans ce crumble doux et parfumé.

1 Préchauffez le four à 180° (th. 6) et beurrez un plat à gratin. Épluchez les ananas, coupez la chair en morceaux et pressez l'orange.

2 Mélangez les morceaux d'ananas, le sucre, la cannelle et le jus d'orange, puis répartissez dans le plat.

3 Mettez la farine dans un saladier, ajoutez le beurre en morceaux et travaillez du bout des doigts pour obtenir des miettes. Ajoutez le sucre, la noix de coco et mélangez à nouveau.

4 Couvrez les fruits de miettes et mettez au four pendant 30 minutes environ.

Conseil : servez ce crumble avec une crème anglaise à la noix de coco.

CRUMBLE AUX KIWIS

Préparation : 15 mn
Cuisson : 30 mn
Difficulté : Facile
Pour 6 personnes

- 8 kiwis
- 20 g de sucre

Pour la pâte :
- 150 g de farine
- 90 g de beurre
- 100 g de sucre
- 50 g de noix de coco râpée

1 Préchauffez le four à 180° (th. 6) et beurrez un plat à gratin. Épluchez les kiwis et coupez-les en morceaux.

2 Mélangez les fruits avec le sucre, puis répartissez-les dans le plat.

3 Versez la farine dans un saladier, coupez le beurre en morceaux et ajoutez-le en travaillant du bout des doigts pour que la pâte forme des miettes.

4 Ajoutez le sucre, la noix de coco et mélangez à nouveau.

5 Couvrez les fruits de pâte et mettez au four pendant 30 minutes environ.

Conseil : utilisez des kiwis bien mûrs, sinon ils risquent d'être un peu trop acides.

Crumble d'ananas

Crumble à la rhubarbe et aux fraises

CRUMBLE À L'ANANAS ET AU GINGEMBRE

Préparation : 20 mn
Cuisson : 30 mn

Difficulté : Facile
Pour 6 personnes

- 2 ananas
- 10 g de gingembre
- 1 c.c. de quatre-épices
- 1 orange pressée
- 50 g de sucre

Pour la pâte :

- 80 g de sucre
- 180 g de farine
- 90 g de beurre
- 50 g de noix de coco râpée

La douceur fruitée de l'ananas se marie au parfum puissant du gingembre.

1 Préchauffez le four à 180° (th. 6) et beurrez un plat à gratin.

2 Épluchez les ananas et coupez la chair en morceaux. Épluchez le gingembre, râpez-le et mélangez-le aux ananas avec le quatre-épices. Mélangez les fruits avec le sucre et le jus, puis répartissez-les dans le plat.

3 Versez la farine dans un saladier, coupez le beurre en morceaux et ajoutez-le en travaillant du bout des doigts pour que la pâte forme des miettes. Ajoutez le sucre, la noix de coco et mélangez à nouveau.

4 Couvrez les ananas de pâte et mettez au four pendant 30 minutes environ.

Conseil : pour varier, remplacez le quatre-épices par de la cannelle.

CRUMBLE À LA RHUBARBE ET AUX FRAISES

Préparation : 20 mn
Cuisson : 40 mn

Difficulté : Facile
Pour 6 personnes

- 500 g de rhubarbe
- 250 g de fraises
- 1 orange
- 50 g de sucre
- 1 pointe de cannelle

Pour la pâte :

- 150 g de farine
- 60 g d'amandes en poudre
- 90 g de sucre en poudre
- 100 g de beurre mou

1 Préchauffez le four à 180° (th. 6) et beurrez un plat à gratin.

2 Épluchez la rhubarbe et coupez-la en morceaux ; pressez l'orange.

3 Faites cuire la rhubarbe avec le jus d'orange, le sucre et la cannelle à couvert pendant 10 minutes.

4 Lavez, équeutez les fraises, ajoutez-les à la rhubarbe, puis répartissez dans le plat.

5 Mettez la farine dans un saladier, ajoutez le beurre en morceaux et travaillez du bout des doigts pour obtenir des miettes. Ajoutez le sucre, les amandes et mélangez à nouveau.

6 Couvrez les fruits de miettes et mettez au four pendant 30 minutes environ.

Conseil : pour changer, remplacez les fraises par des framboises et la cannelle par du sucre vanillé.

CRUMBLE AUX POIRES ET AUX RAISINS

Préparation : 20 mn
Cuisson : 30 mn

Difficulté : Facile
Pour 6 personnes

- 500 g de poires
- 150 g de raisins secs
- 5 cl de rhum brun
- 1 orange
- 1 c.c. de cannelle

Pour la pâte :

- 150 g de farine
- 100 g de spéculoos
- 50 g de cassonade
- 100 g de beurre

Les spéculoos donnent à ce crumble toute son originalité.

1 Préchauffez le four à 180° (th. 6) et beurrez un plat à gratin. Épluchez les poires et coupez la chair en morceaux ; pressez l'orange et faites chauffer doucement le jus.

2 Faites tremper les raisins dans le jus d'orange chaud avec le rhum pendant 10 minutes. Mélangez ensuite les poires et les raisins avec la cannelle, puis répartissez-les dans le plat.

3 Mettez la farine dans un saladier, ajoutez le beurre en morceaux et travaillez du bout des doigts pour obtenir des miettes. Ajoutez le sucre, les spéculoos émiettés et mélangez à nouveau.

4 Couvrez les poires de miettes et mettez au four pendant 30 minutes environ.

Conseil : n'hésitez pas à remplacer les raisins par d'autres fruits secs : abricots, pruneaux, figues, etc.

CRUMBLE DE FIGUE À LA MANGUE

Préparation : 20 mn
Cuisson : 30 mn

Difficulté : Facile
Pour 6 personnes

- 2 mangues
- 500 g de figues
- 1 orange

Pour la pâte :

- 200 g de farine
- 100 g de beurre
- 100 g de sucre
- 1 c.c. de cannelle

1 Préchauffez le four à 180° (th. 6) et beurrez un plat à gratin.

2 Épluchez les mangues et coupez-les en morceaux ; lavez les figues, coupez-les en morceaux et pressez l'orange.

3 Mélangez les fruits avec le jus, puis répartissez-les dans le plat.

4 Versez la farine dans un saladier, coupez le beurre en morceaux et ajoutez-le en travaillant du bout des doigts pour que la pâte forme des miettes. Ajoutez le sucre, la cannelle et mélangez à nouveau.

5 Couvrez les fruits de pâte et mettez au four pendant 30 minutes environ.

Conseil : choisissez des figues violettes pour ce crumble : elles sont plus parfumées.

Crumble aux poires et aux raisins

Crumble de mangue aux bananes

CRUMBLE AUX PÊCHES ET AUX PISTACHES

Préparation : 25 mn
Cuisson : 30 mn

Difficulté : Facile
Pour 6 personnes

- 4 pêches
- 250 g de fraises
- 50 g de sucre

Pour la pâte :

- 150 g de farine
- 90 g de sucre
- 100 g de beurre
- 50 g de pistaches concassées
- ½ c.c. de cardamome moulue

Un dessert particulièrement fruité et croquant.

1 Préchauffez le four à 180° (th. 6) et beurrez un plat à gratin.

2 Épluchez les pêches et coupez-les en morceaux ; lavez et équeutez les fraises. Mélangez les fruits avec le sucre et mettez-les dans le plat.

3 Versez la farine dans un saladier, coupez le beurre en morceaux et ajoutez-le en travaillant du bout des doigts pour que la pâte forme des miettes.

4 Ajoutez le sucre, la cardamome, les pistaches et mélangez à nouveau.

5 Couvrez les pêches de pâte et mettez au four pendant 30 minutes environ.

Conseil : si vous n'avez pas de pêches, remplacez-les par des abricots.

CRUMBLE DE MANGUE AUX BANANES

Préparation : 15 mn
Cuisson : 30 mn

Difficulté : Facile
Pour 4 personnes

- 2 mangues
- 2 bananes
- 1 orange
- 50 g de sucre
- 5 g de gingembre
- 1 pointe de cannelle

Pour la pâte :

- 150 g de farine
- 60 g de noix de coco râpée
- 75 g de sucre en poudre
- 100 g de beurre

Un onctueux crumble aux parfums et aux couleurs de l'été.

1 Préchauffez le four à 180° (th. 6) et beurrez un plat à gratin.

2 Épluchez les fruits et coupez-les en morceaux, pressez l'orange et râpez le gingembre épluché.

3 Mélangez les fruits avec le jus d'orange, le sucre, le gingembre et la cannelle.

4 Mettez la farine dans un saladier, ajoutez le beurre en morceaux et travaillez du bout des doigts pour obtenir des miettes.

5 Ajoutez le sucre, la noix de coco et mélangez à nouveau.

6 Couvrez les fruits de pâte et mettez au four pendant 30 minutes environ.

CRUMBLE À LA POMME ET AU GINGEMBRE

Préparation : 25 mn
Cuisson : 30 mn

Difficulté : Facile
Pour 6 personnes

- 6 pommes
- 10 g de gingembre
- 20 g de raisins secs
- 1 orange

Pour la pâte :
- 200 g de farine
- 100 g de beurre
- 90 g de sucre
- 1 c.c. de cannelle

1 Préchauffez le four à 180° (th. 6) et beurrez un plat à gratin.

2 Épluchez les pommes et coupez la chair en morceaux ; pressez l'orange. Épluchez le gingembre et râpez-le.

3 Faites chauffer le jus d'orange avec le gingembre et faites-y tremper les raisins pendant 10 minutes. Mélangez les pommes avec les raisins, puis répartissez-les dans le plat.

4 Mettez la farine dans un saladier, ajoutez le beurre en morceaux et travaillez du bout des doigts pour obtenir des miettes. Ajoutez le sucre, la cannelle et mélangez à nouveau.

5 Couvrez les pommes de pâte et mettez au four pendant 30 minutes environ.

Conseil : ajoutez un trait de rhum dans le jus d'orange pour parfumer les raisins.

CRUMBLE À LA MANGUE ET AUX FRAISES

Préparation : 25 mn
Cuisson : 30 mn

Difficulté : Facile
Pour 6 personnes

- 2 mangues
- 250 g de fraises
- 20 g de sucre
- 1 sachet de sucre vanillé

Pour la pâte :
- 100 g de beurre
- 100 g de noix de coco râpée
- 150 g de farine
- 90 g de sucre

Ce crumble fruité et coloré mettra du soleil sur votre table.

1 Préchauffez le four à 180° (th. 6) et beurrez un plat à gratin.

2 Épluchez les mangues et coupez la chair en morceaux.

3 Retirez les pédoncules, lavez les fraises et coupez-les en morceaux.

4 Mélangez les fruits avec le sucre vanillé et le sucre, puis répartissez-les dans le plat.

5 Versez la farine dans un saladier, coupez le beurre en morceaux et ajoutez-le en travaillant du bout des doigts pour que la pâte forme des miettes. Ajoutez le sucre, la noix de coco et mélangez à nouveau.

6 Couvrez les fruits de miettes et mettez au four pendant 30 minutes environ.

Crumble à la pomme et au gingembre

Crumble aux mirabelles

CRUMBLE AUX PÊCHES ET AUX MYRTILLES

Préparation : 20 mn
Cuisson : 30 mn

Difficulté : Facile
Pour personnes

- 4 pêches
- 200 g de myrtilles
- 1 citron
- 100 g de sucre
- ½ c.c. de quatre-épices

Pour la pâte :

- 100 g de farine
- 100 g de flocons d'avoine
- 80 g de sucre
- 90 g de beurre

Un crumble fruité et croustillant grâce aux flocons d'avoine.

1 Préchauffez le four à 180° (th. 6) et beurrez un plat à gratin.

2 Épluchez les pêches et coupez la chair en morceaux ; lavez les myrtilles et pressez le citron.

3 Mélangez les fruits avec le jus, le sucre et le quatre-épices, puis répartissez dans le plat.

4 Versez la farine dans un saladier, coupez le beurre en morceaux et ajoutez-le en travaillant du bout des doigts pour que la pâte forme des miettes. Ajoutez les flocons, le sucre et mélangez à nouveau.

5 Couvrez les fruits de miettes et mettez au four pendant 30 minutes environ.

Conseil : servez ce crumble avec un coulis de mûres (recette p. 10)

CRUMBLE AUX MIRABELLES

Préparation : 25 mn
Cuisson : 30 mn

Difficulté : Facile
Pour 6 personnes

- 1 kg de mirabelles
- 50 g de sucre

Pour la pâte :

- 80 g de sucre
- 110 g de beurre
- 200 g de farine
- 1 c.c. de cannelle en poudre

Cette recette, simple et rapide à préparer, révèle toute l'originalité des mirabelles.

1 Préchauffez le four à 180° (th. 6) et beurrez un plat à gratin.

2 Lavez les mirabelles, dénoyautez-les, saupoudrez-les de sucre et répartissez-les dans le plat.

3 Mettez la farine dans un saladier, ajoutez le beurre en morceaux et travaillez du bout des doigts pour obtenir des miettes.

4 Ajoutez le sucre, la cannelle et mélangez à nouveau.

5 Couvrez les mirabelles de pâte et mettez au four pendant 30 minutes environ.

Conseil : parfumez la pâte avec de la cannelle ou en ajoutant des amandes moulues ou de la noix de coco râpée.

CRUMBLE À LA BANANE
ET AUX KIWIS

Préparation : 15 mn
Cuisson : 30 mn

Difficulté : Facile
Pour 6 personnes

- 3 bananes
- 5 kiwis
- 10 cl de lait de coco
- 20 g de sucre

Pour la pâte :
- 200 g de farine
- 100 g de sucre roux
- 100 g de beurre

1 Préchauffez le four à 180° (th. 6) et beurrez un plat à gratin. Épluchez les bananes et les kiwis, puis coupez-les en morceaux.

2 Mélangez les fruits avec le lait de coco et le sucre, puis répartissez-les dans le plat.

3 Mettez la farine dans un saladier, ajoutez le beurre en morceaux et travaillez du bout des doigts pour obtenir des miettes.

4 Ajoutez le sucre et mélangez à nouveau.

5 Couvrez les fruits de miettes et mettez au four pendant 30 minutes environ.

Conseil : utilisez des kiwis bien mûrs, sinon ils seront trop acides.

CRUMBLE À LA MANGUE
ET AUX FRUITS DE LA PASSION

Préparation : 20 mn
Cuisson : 30 mn

Difficulté : Facile
Pour 6 personnes

- 2 mangues
- 4 fruits de la passion
- 50 g de sucre
- 1 c.s. de rhum

Pour la pâte :
- 150 g de farine
- 100 g de sucre roux
- 90 g de beurre
- 50 g de noix de coco râpée

Un crumble très gourmand et très fruité qui régalera tous vos convives.

1 Préchauffez le four à 180° (th. 6) et beurrez un plat à gratin.

2 Épluchez la mangue et coupez la chair en morceaux ; coupez les fruits de la passion en deux et prélevez la chair.

3 Mélangez les fruits avec le rhum et le sucre, puis répartissez-les dans le plat.

4 Versez la farine dans un saladier, coupez le beurre en morceaux et ajoutez-le en travaillant du bout des doigts pour que la pâte forme des miettes. Ajoutez le sucre, la noix de coco et mélangez à nouveau.

5 Couvrez les fruits de pâte et mettez au four pendant 30 minutes environ.

Conseil : accompagnez ce dessert d'un coulis de mangue ou de fruits de la passion (recettes p.38 et p.29).

Crumble à la banane et aux kiwis

Crumble de papayes et coulis de mangue

CRUMBLE À LA BANANE ET AUX CITRONS VERTS

Préparation : 20 mn
Cuisson : 30 mn

Difficulté : Facile
Pour 6 personnes

- 3 bananes
- 2 citrons verts non traités

Pour la pâte :

- 150 g de farine
- 100 g de beurre
- 80 g de sucre
- 50 g de noix de coco râpée

Un dessert qui ravira les amateurs du citron vert.

1 Préchauffez le four à 180° (th. 6) et beurrez un plat à gratin.

2 Épluchez les bananes et coupez-les en morceaux. Prélevez les zestes des citrons verts et pressez le jus.

3 Mélangez les bananes avec les zestes et le jus, puis répartissez-les dans le plat.

4 Versez la farine dans un saladier, coupez le beurre en morceaux et ajoutez-le en travaillant du bout des doigts pour que la pâte forme des miettes. Ajoutez le sucre, la noix de coco et mélangez à nouveau.

5 Couvrez les fruits de miettes et mettez au four pendant 30 minutes environ.

Conseil : ajoutez aussi des fruits exotiques à ce crumble : mangues, papayes, fruits de la passion…

CRUMBLE DE PAPAYES ET COULIS DE MANGUE

Préparation : 30 mn
Cuisson : 50 mn

Difficulté : Facile
Pour personnes

- 3 papayes
- 1 sachet de sucre vanillé

Pour la pâte :

- 150 g de farine
- 100 g de sucre
- 90 g de beurre
- 50 g de flocons d'avoine
- 1 pointe de cannelle

Pour le coulis :

- 2 mangues
- 1 citron
- 100 g de sucre

Découvrez la papaye et son parfum délicat, accompagnée d'un coulis à la mangue.

1 Épluchez les mangues, coupez la chair en morceaux, mettez-les dans une casserole avec le jus du citron et faites cuire pendant 10 minutes. Passez au chinois, ajoutez le sucre et faites encore cuire 10 minutes.

2 Préchauffez le four à 180° (th. 6) et beurrez un plat à gratin. Coupez les papayes en deux, videz les graines et prélevez la chair. Mélangez les fruits avec le sucre vanillé, puis répartissez-les dans le plat.

3 Mettez la farine dans un saladier, ajoutez le beurre en morceaux et travaillez du bout des doigts pour obtenir des miettes. Ajoutez le sucre, la cannelle, les flocons d'avoine et mélangez à nouveau.

4 Couvrez les papayes de pâte et mettez au four pendant 30 minutes environ.

CRUMBLE AUX FRUITS ET AUX NOIX

Préparation : 20 mn
Cuisson : 30 mn

Difficulté : Facile
Pour 6 personnes

- 2 pommes
- 2 pêches
- 1 orange non traitée
- 20 g de sucre
- 70 g de cerneaux concassés
- 1 c.s. de rhum

Pour la pâte :

- 180 g de farine
- 80 g de beurre
- 100 g de sucre

Un dessert de fin d'été, mais très gourmand et fruité.

1 Préchauffez le four à 180° (th. 6) et beurrez un plat à gratin. Épluchez les pommes et les pêches et coupez-les en morceaux. Prélevez les zestes de l'orange et pressez le jus.

2 Mélangez les fruits avec le sucre, le rhum, les cerneaux, les zestes et le jus, puis répartissez-les dans le plat.

3 Versez la farine dans un saladier, coupez le beurre en morceaux et ajoutez-le en travaillant du bout des doigts pour que la pâte forme des miettes. Ajoutez le sucre et mélangez à nouveau.

4 Couvrez les fruits de pâte et mettez au four pendant 30 minutes environ.

Conseil : quelques dattes dénoyautées agrémenteront la préparation.

CRUMBLE FIGUES ET MIEL ET CRÈME À LA CANNELLE

Préparation : 30 mn
Cuisson : 40 mn

Difficulté : Facile
Pour 6 personnes

- 1 kg de figues fraîches
- 2 c.s. de miel
- 1 c.c. de cannelle

Pour la pâte :

- 150 g de farine
- 90 g de beurre
- 100 g de sucre
- 1 pointe de cannelle
- 50 g de flocons d'avoine

Pour la crème :

- 3 jaunes d'œufs
- 30 cl de lait
- 80 g de sucre
- 1 gousse de vanille
- 1 bâton de cannelle

Des figues moelleuses, une pâte croustillante et une crème à la cannelle gourmande… Un régal.

1 Mettez le lait dans une casserole avec la cannelle et la gousse de vanille fendue, et portez à ébullition. Fouettez les jaunes avec le sucre, versez le lait en mélangeant, puis faites chauffer jusqu'à ce que le mélange épaississe ; laissez refroidir en remuant.

2 Préchauffez le four à 180° (th. 6) et beurrez un plat à gratin. Lavez les figues, coupez-les en quatre, faites-les cuire pendant quelques minutes avec le miel et la cannelle, puis répartissez-les dans le plat.

3 Mettez la farine dans un saladier, ajoutez le beurre en morceaux et travaillez du bout des doigts pour obtenir des miettes. Ajoutez le sucre, la cannelle, les flocons et mélangez.

4 Couvrez les figues de miettes et mettez au four pendant 30 minutes environ.

CRUMBLE EXOTIQUE AUX LITCHIS

Préparation : 25 mn
Cuisson : 30 mn

Difficulté : Facile
Pour 6 personnes

- **100 g de litchis**
- **2 kiwis**
- **1 mangue**
- **20 g de sucre**
- **1 c.s. de rhum**

Pour la pâte :
- **150 g de farine**
- **50 g de noix de coco râpée**
- **90 g de sucre**
- **100 g de beurre**

Ce crumble doux et sucré ravira tous vos convives.

1 Préchauffez le four à 180° (th. 6) et beurrez un plat à gratin.

2 Épluchez les litchis et dénoyautez-les.

3 Épluchez la mangue et les kiwis, puis coupez-les en morceaux.

4 Mélangez les fruits avec le rhum et le sucre, et répartissez-les dans le plat.

5 Mettez la farine dans un saladier, ajoutez le beurre en morceaux et travaillez du bout des doigts pour obtenir des miettes.

6 Ajoutez le sucre, les amandes et mélangez à nouveau.

7 Couvrez les fruits de pâte et mettez au four pendant 30 minutes environ.

Conseil : un coulis de mangue (recette p.29) est idéal pour accompagner cette préparation.

Crumble aux pommes et aux marrons

CRUMBLE AUX POIRES ET AU CHOCOLAT BLANC

Préparation : 25 mn
Cuisson : 30 mn

Difficulté : Facile
Pour 6 personnes

- 1 kg de poires
- 100 g de chocolat blanc
- 50 g d'amandes concassées

Pour la pâte :
- 150 g de farine
- 90 g de beurre
- 80 g de sucre
- 50 g d'amandes en poudre

Les amateurs de chocolat blanc vous réclameront inlassablement ce dessert.

1 Préchauffez le four à 180° (th. 6) et beurrez un plat à gratin. Épluchez les poires et coupez-les en morceaux.

2 Mélangez les fruits avec les amandes, puis répartissez-les dans le plat ; répartissez également le chocolat en morceaux.

3 Mettez la farine dans un saladier, ajoutez le beurre en morceaux et travaillez du bout des doigts pour obtenir des miettes.

4 Ajoutez le sucre, les amandes et mélangez à nouveau.

5 Couvrez les fruits de miettes et mettez au four pendant 30 minutes environ.

Conseil : ajoutez une poignée de framboises aux poires pour apporter un parfum très fruité au crumble.

CRUMBLE AUX POMMES ET AUX MARRONS

Préparation : 20 mn
Cuisson : 40 mn

Difficulté : Facile
Pour 6 personnes

- 4 pommes
- 1 orange
- 10 g de beurre
- 1 sachet de sucre vanillé
- 200 g de crème de marrons
- 6 marrons glacés

Pour la pâte :
- 150 g de farine
- 90 g de beurre
- 80 g de sucre
- 50 g d'amandes en poudre

Un petit parfum d'automne donne toute sa douceur à ce crumble.

1 Préchauffez le four à 180° (th. 6) et beurrez un plat à gratin. Épluchez les pommes et coupez-les en morceaux ; pressez l'orange.

2 Faites fondre le beurre dans une casserole, puis ajoutez les pommes, le jus et le sucre vanillé. Laissez cuire 10 minutes, répartissez dans le plat et couvrez de crème de marrons.

3 Versez la farine dans un saladier, coupez le beurre en morceaux et ajoutez-le en travaillant du bout des doigts pour que la pâte forme des miettes. Ajoutez le sucre, les amandes et mélangez à nouveau.

4 Couvrez les pommes de pâte et mettez au four pendant 30 minutes environ, puis servez avec les marrons glacés.

Conseil : émiettez quelques marrons glacés sur le gâteau avant de servir.

CRUMBLE AUX ABRICOTS
AUX GROSEILLES ET COULIS AUX ABRICOTS

Préparation : 30 mn
Cuisson : 1 h

Difficulté : Facile
Pour 6 personnes

- 1 kg d'abricots
- 250 g de groseilles
- 10 g de beurre
- 50 g de sucre

Pour la pâte :

- 180 g de farine
- 90 g de beurre
- 90 g de sucre

Pour le coulis :

- 300 g d'abricots
- 100 g de sucre
- 1 citron

Servez ce crumble tiède et accompagné de son coulis gourmand aux abricots.

1 Lavez les abricots, dénoyautez-les et mettez-les dans une casserole avec le jus de citron ; faites cuire doucement pendant 20 minutes en mélangeant, puis passez au chinois. Ajoutez le sucre et remettez sur le feu pendant 10 minutes.

2 Préchauffez le four à 180° (th. 6) et beurrez un plat à gratin.

3 Lavez les abricots, dénoyautez-les et coupez-les en morceaux ; lavez les groseilles.

4 Faites fondre le beurre, ajoutez les abricots et laissez cuire 10 minutes.

5 Ajoutez le sucre et les groseilles, puis mélangez et versez dans le plat.

6 Mettez la farine dans un saladier, ajoutez le beurre en morceaux et travaillez du bout des doigts pour obtenir des miettes.

7 Ajoutez le sucre et mélangez à nouveau.

8 Couvrez les fruits de miettes et mettez au four pendant 30 minutes environ.

Conseil : préparez le coulis pendant que le gâteau cuit afin de gagner du temps.

Crumble de cerises aux fruits

CRUMBLE AUX FRUITS EXOTIQUES

Préparation : 25 mn
Cuisson : 30 mn

Difficulté : Facile
Pour 6 personnes

- 2 bananes
- 4 kiwis
- 1 mangue
- 4 fruits de la passion
- 20 g de sucre roux
- 1 c.s. de rhum brun

Pour la pâte :
- 150 g de farine
- 100 g de beurre
- 80 g de sucre
- 50 g de noix de coco râpée

Parfum de plages ensoleillées et gourmandise assumée se retrouvent dans ce crumble pour votre plaisir.

1 Préchauffez le four à 180° (th. 6) et beurrez un plat à gratin.

2 Épluchez les bananes, les kiwis et la mangue, puis coupez-les en morceaux. Coupez les fruits de la passion en deux et ajoutez leur pulpe aux autres fruits.

3 Mélangez-les avec le sucre et le rhum, puis répartissez-les dans le plat.

4 Mettez la farine dans un saladier, ajoutez le beurre en morceaux et travaillez du bout des doigts pour obtenir des miettes. Ajoutez le sucre, la noix de coco et mélangez à nouveau.

5 Couvrez les fruits de miettes et mettez au four pendant 30 minutes environ.

Conseil : ajoutez un sachet de sucre vanillé aux fruits pour les parfumer.

CRUMBLE DE CERISES AUX FRUITS

Préparation : 25 mn
Cuisson : 30 mn

Difficulté : Facile
Pour 6 personnes

- 300 g de cerises dénoyautées
- 2 bananes
- 1 poire
- 1 pêche
- 1 sachet de sucre vanillé

Pour la pâte :
- 150 g de farine
- 100 g de beurre
- 90 g de sucre
- 50 g d'amandes en poudre

1 Préchauffez le four à 180° (th. 6) et beurrez un plat à gratin.

2 Épluchez les bananes, la poire et la pêche, puis coupez-les en morceaux.

3 Mélangez-les aux cerises avec le sucre et le sucre vanillé, puis répartissez-les dans le plat.

4 Versez la farine dans un saladier, coupez le beurre en morceaux et ajoutez-le en travaillant du bout des doigts pour que la pâte forme des miettes.

5 Ajoutez le sucre, les amandes et mélangez à nouveau. Couvrez les fruits de pâte et mettez au four pendant 30 minutes environ.

Conseil : vous pouvez très bien remplacer le sucre vanillé par de la cannelle.

CRUMBLE À LA MANGUE ET COULIS DE FRUITS DE LA PASSION

Préparation : 30 mn
Cuisson : 40 mn

Difficulté : Facile
Pour 4 personnes

- 4 mangues
- 1 orange
- 20 g de sucre

Pour la pâte :

- 180 g de farine
- 100 g de beurre
- 80 g de sucre
- 50 g de noix de coco râpée

Pour le coulis :

- 10 fruits de la passion
- 100 g de sucre
- 20 cl d'eau

1 Coupez les fruits de la passion en deux et prélevez la pulpe. Mettez l'eau et le sucre dans une casserole, faites chauffer jusqu'à obtenir un sirop, ajoutez les fruits en mélangeant et retirez du feu.

2 Préchauffez le four à 180° (th. 6) et beurrez un plat à gratin. Épluchez les mangues, coupez-les en morceaux et pressez l'orange. Mélangez les mangues avec le jus d'orange et le sucre, puis répartissez-les dans le plat.

3 Versez la farine dans un saladier, coupez le beurre en morceaux et ajoutez-le en travaillant du bout des doigts pour que la pâte forme des miettes. Ajoutez le sucre, la noix de coco et mélangez à nouveau.

4 Couvrez les mangues de pâte et mettez au four pendant 30 minutes environ.

Conseil : ajoutez une pointe de cannelle aux mangues pour les parfumer légèrement.

CRUMBLE AUX POIRES ET AUX LITCHIS

Préparation : 15 mn
Cuisson : 30 mn

Difficulté : Facile
Pour 6 personnes

- 6 poires
- 250 g de litchis dénoyautés
- 20 g de sucre roux

Pour la pâte :

- 150 g de farine
- 100 g de beurre
- 80 g de sucre
- 50 g d'amandes en poudre

Un dessert délicat et fruité qui vous séduira par sa délicieuse simplicité.

1 Préchauffez le four à 180° (th. 6) et beurrez un plat à gratin. Épluchez les poires, puis coupez-les en morceaux.

2 Mélangez-les avec les litchis et le sucre, puis répartissez-les dans le plat.

3 Mettez la farine dans un saladier, ajoutez le beurre en morceaux et travaillez du bout des doigts pour obtenir des miettes.

4 Ajoutez le sucre, les amandes en poudre et mélangez à nouveau.

5 Couvrez les fruits de miettes et mettez au four pendant 30 minutes environ.

Conseil : remplacez les amandes par de la noix de coco râpée pour changer les parfums.

Crumble à la mangue et coulis de fruits de la passion

Verrines de velouté de carotte

CRUMBLE AUX FRUITS ROUGES
ET COULIS DE FRAISE À LA MENTHE

Préparation : 30 mn
Cuisson : 30 mn

Difficulté : Facile
Pour 6 personnes

- 500 g de fruits rouges
- 3 poires
- 20 g de sucre roux

Pour la pâte :
- 150 g de farine
- 100 g de beurre
- 80 g de sucre
- 50 g d'amandes en poudre

Pour le coulis :
- 300 g de fraises
- ½ citron
- 100 g de sucre en poudre
- 3 brins de menthe

Ce crumble assez classique est enrichi par les parfums du coulis de fraises à la menthe.

1. Lavez les fraises, équeutez-les, passez-les au chinois. Mettez le jus de citron et le sucre dans le bol, lavez les feuilles de menthe, écrasez-les au pilon avec le sucre et le jus, puis ajoutez cette préparation aux fraises.
2. Préchauffez le four à 180° (th. 6) et beurrez un plat à gratin.
3. Épluchez les poires, puis coupez-les en morceaux.
4. Ajoutez les fruits rouges, le sucre, mélangez et répartissez dans le plat.
5. Mettez la farine dans un saladier, ajoutez le beurre en morceaux et travaillez du bout des doigts pour obtenir des miettes.
6. Ajoutez le sucre, les amandes en poudre et mélangez à nouveau.
7. Couvrez les fruits de pâte et mettez au four pendant 30 minutes environ.

Conseil : remplacez les amandes par de la noix de coco râpée pour de nouveaux plaisirs.

CRUMBLE AUX POIRES,
AUX MYRTILLES ET COULIS DE FRUITS ROUGES

Préparation : 30 mn
Cuisson : 1 h

Difficulté : Facile
Pour 4 personnes

- 5 poires
- 250 g de myrtilles
- 20 g de sucre

Pour la pâte :

- 120 g de farine
- 60 g de beurre
- 50 g de sucre
- 30 g de noisettes en poudre

Pour le coulis :

- 300 g de fruits rouges
- 100 g de sucre
- ½ citron

Le coulis de fruits rouges vient relever ce crumble.

1 Lavez les fruits, mettez-les dans une casserole avec le jus du citron, faites cuire doucement pendant 15 minutes en mélangeant, puis passez au chinois. Ajoutez le sucre et remettez sur le feu pendant 10 minutes.

2 Préchauffez le four à 180° (th. 6) et beurrez un plat à gratin. Épluchez les poires, puis coupez-les en morceaux. Mélangez les poires avec les myrtilles et le sucre, puis répartissez-les dans le plat.

3 Versez la farine dans un saladier, coupez le beurre en morceaux et ajoutez-le en travaillant du bout des doigts pour que la pâte forme des miettes. Ajoutez le sucre, les noisettes en poudre et mélangez à nouveau.

4 Couvrez les fruits de miettes et mettez au four pendant 30 minutes environ.

CRUMBLE À LA BANANE,
AU CHOCOLAT ET SAUCE AU CHOCOLAT

Préparation : 30 mn
Cuisson : 30 mn

Difficulté : Facile
Pour 4 personnes

- 4 bananes
- 100 g de chocolat
- 1 c.s. de rhum

Pour la pâte :

- 100 g de farine
- 60 g de beurre
- 40 g de sucre
- 20 g d'amandes en poudre

Pour la sauce :

- 200 g de chocolat noir
- 20 cl de crème fraîche liquide
- 10 cl de lait

1 Cassez le chocolat dans un bol, portez la crème et le lait à ébullition et versez sur le chocolat en remuant jusqu'à ce qu'il fonde.

2 Préchauffez le four à 180° (th. 6) et beurrez un plat à gratin. Épluchez les bananes, puis coupez-les en morceaux. Cassez le chocolat en morceaux et mélangez-le aux bananes avec le rhum.

3 Mettez la farine dans un saladier, ajoutez le beurre en morceaux et travaillez du bout des doigts pour obtenir des miettes. Ajoutez le sucre, les amandes en poudre et mélangez à nouveau.

4 Répartissez les bananes et le chocolat dans le plat, couvrez de pâte et mettez au four pendant 30 minutes environ.

Conseil : vous pouvez aussi ajouter une cuillère de cacao amer dans la pâte pour un dessert plus chocolaté.

Crumble aux poires et aux myrtilles

Crumble aux raisins

CRUMBLE FRUITÉ AUX DATTES ET CARAMEL AU BEURRE SALÉ

Préparation : 45 mn
Cuisson : 45 mn

Difficulté : Facile
Pour 6 personnes

- 3 poires
- 3 bananes
- 12 dattes
- 1 c.s. de rhum
- 20 g de sucre roux

Pour la pâte :

- 150 g de farine
- 100 g de beurre
- 80 g de sucre
- 50 g de noix de coco râpée

Pour le caramel :

- 150 g de sucre
- 20 cl de crème liquide
- 80 g de beurre salé
- 3 pincées de fleur de sel

1 Faites chauffer la crème jusqu'au frémissement et faites chauffer le sucre. Quand le sucre se colore, retirez du feu, versez la crème chaude en mélangeant, puis ajoutez le beurre. Faites encore chauffer quelques minutes pour que la sauce soit bien fluide, ajoutez le sel et laissez refroidir.

2 Préchauffez le four à 180° (th. 6) et beurrez un plat à gratin. Épluchez les poires et les bananes, puis coupez-les en morceaux. Dénoyautez les dattes, coupez-les en morceaux et mélangez-les aux poires et aux bananes. Ajoutez le sucre, le rhum, mélangez et répartissez dans le plat.

3 Mettez la farine dans un saladier, ajoutez le beurre en morceaux et travaillez du bout des doigts pour obtenir des miettes. Ajoutez le sucre, la noix de coco et mélangez à nouveau.

4 Couvrez les fruits de pâte et mettez au four pendant 30 minutes environ.

CRUMBLE AUX RAISINS

Préparation : 15 mn
Cuisson : 30 mn

Difficulté : Facile
Pour 6 personnes

- 1 kg de raisins noirs et blancs (sans pépin si possible)
- 1 c.s. de rhum brun
- 30 g de sucre en poudre

Pour la pâte :

- 180 g de farine
- 100 g de beurre
- 80 g de sucre
- 50 g de noisettes en poudre

Découvrez ce crumble simple et classique qui terminera vos repas en beauté.

1 Préchauffez le four à 180° (th. 6) et beurrez un plat à gratin.

2 Lavez les grains de raisins, mélangez-les au sucre et au rhum, puis répartissez-les dans le plat.

3 Versez la farine dans un saladier, coupez le beurre en morceaux et ajoutez-le en travaillant du bout des doigts pour que la pâte forme des miettes.

4 Ajoutez le sucre, les noisettes en poudre et mélangez à nouveau. Couvrez les raisins de pâte et mettez au four pendant 30 minutes environ.

Conseil : le dessert sera bien meilleur si vous utilisez des raisins sans pépin ou si vous avez la patience de les retirer...

CRUMBLE AUX POMMES, FRAMBOISES ET COULIS DE FRAMBOISES

Préparation : 30 mn
Cuisson : 40 mn

Difficulté : Facile
Pour 6 personnes

- 4 pommes
- 250 g de framboises
- ½ c.c. de cannelle
- 1 orange
- 20 g de sucre

Pour la pâte :

- 180 g de farine
- 100 g de beurre
- 80 g de sucre
- 1 c.c. de cannelle

Pour le coulis :

- 300 g de framboises
- 150 g de sucre
- 1 c.s. de jus de citron

1. Lavez les framboises et passez-les au chinois. Ajoutez le sucre, le jus de citron et mettez sur le feu pendant 10 minutes.
2. Préchauffez le four à 180° (th. 6) et beurrez un plat à gratin. Épluchez les pommes, coupez-les en morceaux et pressez l'orange.
3. Mélangez les pommes avec les framboises, le jus d'orange, la cannelle et le sucre, puis répartissez-les dans le plat.
4. Mettez la farine dans un saladier, ajoutez le beurre en morceaux et travaillez du bout des doigts pour obtenir des miettes. Ajoutez le sucre, la cannelle et mélangez à nouveau.
5. Couvrez les fruits de pâte et mettez au four pendant 30 minutes environ.

Conseil : si vous n'aimez pas la cannelle, parfumez plutôt votre crumble à la noix de coco râpée.

CRUMBLE AUX CAROTTES

Préparation : 25 mn
Cuisson : 30 mn

Difficulté : Facile
Pour 6 personnes

- 300 g de carottes
- 2 pommes
- 1 poignée de raisins secs
- 1 c.c. de cannelle
- 1 orange
- 20 g d'amandes effilées
- 20 g de sucre roux

Pour la pâte :

- 150 g de farine
- 100 g de beurre
- 80 g de sucre
- 50 g de noix de coco râpée

Un crumble surprenant et très parfumé.

1. Préchauffez le four à 180° (th. 6) et beurrez un plat à gratin.
2. Épluchez les carottes et les pommes, puis râpez-les et mettez-les dans un saladier. Pressez l'orange et versez le jus sur les carottes et les pommes.
3. Ajoutez le sucre, la cannelle, le rhum, les amandes, les raisins, mélangez et répartissez dans le plat.
4. Versez la farine dans un saladier, coupez le beurre en morceaux et ajoutez-le en travaillant du bout des doigts pour que la pâte forme des miettes. Ajoutez le sucre, la noix de coco et mélangez à nouveau.
5. Couvrez les fruits de pâte et mettez au four pendant 30 minutes environ.

Crumble aux pommes

Crumble de tomates

CRUMBLE AUX AUBERGINES ET FROMAGE DE CHÈVRE

Préparation : 30 mn
Cuisson : 45 mn

Difficulté : Facile
Pour 4 personnes

- 2 aubergines
- 2 oignons
- 2 tomates
- 2 brins d'estragon
- 2 c.s. d'huile d'olive
- Sel, poivre

Pour la pâte :
- 100 g de farine
- 50 g de chapelure
- 2 crottins de Chavignol
- 50 g de beurre

1 Préchauffez le four à 180° (th. 6) et passez un plat à gratin à l'huile d'olive. Épluchez les oignons, émincez-les, puis faites-les blondir dans l'huile d'olive.

2 Lavez les tomates et les aubergines, coupez-les en dés et ajoutez-les aux oignons ; salez et poivrez.

3 Laissez cuire pendant 15 minutes en remuant, puis versez dans le plat. Lavez l'estragon et répartissez les feuilles sur les légumes.

4 Versez la farine dans un saladier, coupez le beurre en morceaux et ajoutez-le en travaillant du bout des doigts pour que la pâte forme des miettes. Ajoutez la chapelure, le sel, râpez les fromages et mélangez.

5 Couvrez les légumes de miettes et mettez au four pendant environ 30 minutes..

Conseil : ajoutez deux gousses d'ail écrasées pour parfumer et relever les aubergines.

CRUMBLE DE TOMATES

Préparation : 20 mn
Cuisson : 50 mn

Difficulté : Facile
Pour 4 personnes

- 1 kg de tomates
- 2 oignons
- 1 c.s. de feuilles de basilic
- 4 c.s. d'huile d'olive

Pour la pâte :
- 100 g de farine
- 50 g de beurre
- 20 g de chapelure
- 50 g de parmesan râpé
- ½ c.c. de sel

Un délicieux accompagnement pour une viande grillée.

1 Préchauffez le four à 180° (th. 6) et passez un plat à gratin à l'huile d'olive.

2 Lavez les tomates et coupez-les en quartiers ; épluchez et émincez les oignons.

3 Répartissez-les dans le plat, saupoudrez de basilic, arrosez d'huile et mettez au four pendant 20 minutes.

4 Mettez la farine dans un saladier, ajoutez le beurre en morceaux et travaillez du bout des doigts pour obtenir une pâte sableuse. Ajoutez la chapelure, le sel, le parmesan et mélangez.

5 Sortez les tomates, couvrez-les de pâte et mettez au four pendant environ 30 minutes.

Conseil : vous pouvez aussi faire revenir les oignons et les tomates à la poêle dans de l'huile d'olive, au lieu de les mettre au four.

CRUMBLE DE COURGETTES AUX PIGNONS

Préparation : 20 mn
Cuisson : 45 mn
Difficulté : Facile
Pour 4 personnes

- 3 courgettes
- 2 oignons
- 1 brin de basilic
- 2 c.s. d'huile d'olive

Pour la pâte :
- 150 g de farine
- 75 g de beurre
- 50 g de pignons de pin
- ½ c.c. de sel

1 Préchauffez le four à 180° (th. 6) et passez un plat à gratin à l'huile d'olive.

2 Épluchez les oignons, émincez-les, puis faites-les blondir dans l'huile d'olive. Lavez les courgettes, coupez-les en dés et ajoutez-les aux oignons ; salez et poivrez.

3 Laissez cuire pendant 15 minutes en remuant, puis versez dans le plat. Lavez le basilic et répartissez les feuilles sur les légumes.

4 Mettez la farine dans un saladier, ajoutez le beurre en morceaux et travaillez du bout des doigts pour obtenir une pâte sableuse.

5 Ajoutez les pignons, le sel et mélangez. Couvrez les légumes de pâte et mettez au four pendant environ 30 minutes.

Conseil : remplacez les pignons par des pistaches concassées et découvrez ce mariage délicieusement croquant.

CRUMBLE AUX ÉPINARDS ET AUX NOIX

Préparation : 25 mn
Cuisson : 40 mn
Difficulté : Facile
Pour4 personnes

- 1 kg d'épinards
- 2 oignons
- 10 g de beurre
- 1 gousse d'ail
- 10 cl de crème fraîche
- Sel, poivre

Pour la pâte :
- 150 g de farine
- 80 g de beurre
- 70 g de cerneaux concassés
- ½ c.c. de sel

1 Préchauffez le four à 180° (th. 6) et passez un plat à gratin à l'huile d'olive. Épluchez les oignons, émincez-les, puis faites-les blondir dans le beurre. Lavez les épinards, équeutez-les et ajoutez-les aux oignons ; salez et poivrez.

2 Ajoutez la gousse d'ail écrasée, laissez cuire pendant 10 minutes en remuant, puis versez dans le plat. Lavez le basilic et répartissez les feuilles sur les épinards ; arrosez de crème.

3 Versez la farine dans un saladier, coupez le beurre en morceaux et ajoutez-le en travaillant du bout des doigts pour que la pâte forme des miettes. Ajoutez les noix, le sel et mélangez.

4 Couvrez les légumes de miettes et mettez au four pendant environ 30 minutes.

Conseil : si vous utilisez des épinards surgelés, laissez-les dégeler dans une passoire pour les égoutter.

Crumble de courgettes aux pignons

Crumble d'endives

CRUMBLE D'ÉTÉ

Préparation : 30 mn
Cuisson : 45 mn

Difficulté : Facile
Pour 4 personnes

- 2 courgettes
- 2 tomates
- 1 aubergine
- 1 poivron rouge
- 2 gousses d'ail
- 1 oignon
- 2 c.s. d'huile d'olive

Pour la pâte :

- 75 g de beurre
- 150 g de farine
- 100 g de parmesan râpé
- Sel

Toutes les saveurs de l'été sous une pâte croustillante au parmesan.

1 Préchauffez le four à 180° (th. 6) et beurrez un plat à gratin.

2 Épluchez l'oignon, émincez-le, puis faites-le blondir dans l'huile. Épluchez, lavez les légumes, coupez-les en morceaux, ajoutez-les aux oignons et faites-les cuire pendant 15 minutes.

3 Versez la farine dans un saladier, coupez le beurre en morceaux et ajoutez-le en travaillant du bout des doigts pour que la pâte forme des miettes. Ajoutez le parmesan, le sel et mélangez.

4 Couvrez les légumes de miettes et mettez au four pendant environ 30 minutes.

Conseil : ajoutez, si vous le souhaitez, des herbes dans les légumes : herbes de Provence, thym, basilic…

CRUMBLE D'ENDIVES

Préparation : 20 mn
Cuisson : 1 h

Difficulté : Facile
Pour 4 personnes

- 6 endives
- 6 échalotes
- 1 c.s. de sucre
- 10 g de beurre

Pour la pâte :

- 150 g de farine
- 80 g de beurre
- 70 g de cerneaux concassés
- ½ c.c. de sel

1 Préchauffez le four à 180° (th. 6) et beurrez un plat à gratin. Épluchez les échalotes et coupez le pied des endives en creusant un cône.

2 Faites fondre le beurre dans une casserole, mettez les échalotes, les endives, saupoudrez de sucre, couvrez et laissez cuire pendant 30 minutes.

3 Surveillez la cuisson, ajoutez un peu d'eau si nécessaire, puis coupez-les en deux et répartissez-les dans le plat.

4 Mettez la farine dans un saladier, ajoutez le beurre en morceaux et travaillez du bout des doigts pour obtenir une pâte sableuse. Ajoutez les noix, le sel et mélangez.

5 Couvrez les légumes de pâte et mettez au four pendant environ 30 minutes.

Conseil : servez ce crumble avec une sauce béchamel au fromage râpé et à la muscade.

CRUMBLE DE TOMATES CERISES

Préparation : 20 mn
Cuisson : 1 h

Difficulté : Facile
Pour 4 personnes

- 500 g de tomates cerises
- 4 c.s. d'huile d'olive
- 1 c.s. de feuilles de thym
- 1 c.c. de sucre
- 1 c.s. de vinaigre balsamique
- Sel, poivre

Pour la pâte :

- 100 g de farine
- 50 g de beurre
- 30 g de chapelure
- 1 crottin de chèvre
- ½ c.c. de sel

Un crumble sucré salé à servir en entrée.

1. Préchauffez le four à 150° (th. 5) et passez un plat à gratin à l'huile d'olive.
2. Lavez les tomates, coupez-les en deux et répartissez-les dans le plat. Saupoudrez de thym, arrosez d'huile et mettez au four pendant 30 minutes.
3. Versez la farine dans un saladier, coupez le beurre en morceaux et ajoutez-le en travaillant du bout des doigts pour que la pâte forme des miettes. Râpez le fromage, ajoutez-le avec la chapelure, puis mélangez.
4. Sortez les tomates du four, saupoudrez de sucre et arrosez de vinaigre. Couvrez le plat de pâte et mettez au four à 180° (th. 6) pendant environ 30 minutes.

CRUMBLE AU POTIRON

Préparation : 20 mn
Cuisson : 40 mn

Difficulté : Facile
Pour 4 personnes

- 1 kg de potiron
- 2 oignons
- 2 carottes
- 10 g de beurre
- 1 pincée de sucre
- Sel, poivre

Pour la pâte :

- 150 g de farine
- 75 g de beurre
- ½ c.c. de sel
- 20 g de flocons d'avoine

1. Préchauffez le four à 180° (th. 6) et beurrez un plat à gratin. Épluchez l'oignon, émincez-le, puis faites-le blondir dans l'huile.
2. Épluchez le potiron et les carottes, puis coupez-les en morceaux et ajoutez-les aux oignons.
3. Saupoudrez de sucre et faites caraméliser les légumes pendant quelques minutes ; salez, poivrez, puis répartissez dans le plat.
4. Mettez la farine dans un saladier, ajoutez le beurre en morceaux et travaillez du bout des doigts pour obtenir une pâte sableuse. Ajoutez les flocons, le sel et mélangez.
5. Couvrez les légumes de miettes et mettez au four pendant environ 30 minutes.

Conseil : ajoutez un peu de cumin ou de curry dans les légumes pour parfumer le plat.

CRUMBLE DE COURGETTES AU FENOUIL

Préparation : 25 mn
Cuisson : 45 mn

Difficulté : Facile
Pour 4 personnes

- 3 courgettes
- 2 bulbes de fenouil
- 1 oignon
- 2 c.s. d'huile d'olive
- ½ c.c. de thym

Pour la pâte :
- 150 g de farine
- 75 g de beurre
- 2 c.s. de chapelure
- ½ c.c. de sel

Redécouvrez le parfum du fenouil grâce à ce crumble original et savoureux.

1 Préchauffez le four à 180° (th. 6) et beurrez un plat à gratin.

2 Épluchez l'oignon, émincez-le, puis faites-le blondir dans l'huile.

3 Lavez les courgettes et coupez-les en rondelles.

4 Retirez les feuilles extérieures des bulbes de fenouil et coupez les bulbes en petits morceaux.

5 Ajoutez-les aux oignons et faites-les cuire avec le thym pendant 15 minutes.

6 Mettez la farine dans un saladier, ajoutez le beurre en morceaux et travaillez du bout des doigts pour obtenir une pâte sableuse.

7 Ajoutez la chapelure, le sel et mélangez.

8 Couvrez les légumes de pâte et mettez au four pendant environ 30 minutes.

Conseil : si vous le souhaitez, vous pouvez ajouter deux gousses d'ail écrasées aux légumes pour plus de saveur.

Crumble de poulet aux épinards

CRUMBLE DE CAROTTES ÉPICÉES

Préparation : 30 mn
Cuisson : 40 mn

Difficulté : Facile
Pour 4 personnes

- 600 g de carottes
- 2 c.s. d'huile d'olive
- 1 c.s. de grains de cumin
- ½ bouquet de coriandre
- 2 échalotes

Pour la pâte :
- 150 g de farine
- 75 g de beurre
- 1 pointe de quatre-épices
- ½ c.c. de sel

Découvrez cette façon originale de cuisiner les carottes.

1 Préchauffez le four à 180° (th. 6) et passez un plat à gratin à l'huile d'olive. Épluchez les carottes et coupez-les en fines rondelles ; épluchez et émincez les échalotes. Faites blondir les échalotes dans une poêle avec l'huile d'olive.

2 Lavez, ciselez la coriandre et ajoutez-la aux échalotes avec le cumin. Versez les carottes, faites-les sauter quelques secondes à feu vif et répartissez-les dans le plat.

3 Mettez la farine dans un saladier, ajoutez le beurre en morceaux et travaillez du bout des doigts pour obtenir une pâte sableuse. Ajoutez le quatre-épices, le sel et mélangez.

4 Couvrez les légumes de pâte et mettez au four pendant environ 30 minutes.

Conseil : si vous aimez le gingembre, ajoutez-en un morceau râpé aux carottes.

CRUMBLE DE POULET AUX ÉPINARDS

Préparation : 30 mn
Cuisson : 40 mn

Difficulté : Facile
Pour 4 personnes

- 4 blancs de poulet
- 200 g d'épinards
- 2 brins d'estragon
- 1 oignon
- 10 g de beurre
- Sel, poivre

Pour la pâte :
- 150 g de farine
- 80 g de beurre
- ½ c.c. de sel

Un plat complet rapide à préparer et savoureux.

1 Préchauffez le four à 180° (th. 6) et beurrez un plat à gratin. Épluchez l'oignon, émincez-le et faites-le blondir dans un peu d'huile.

2 Coupez le poulet en dés et faites-les dorer avec l'oignon ; lavez l'estragon et ajoutez les feuilles.

3 Équeutez les épinards, lavez-les, puis ajoutez-les au poulet. Laissez cuire 5 minutes, puis répartissez dans le plat.

4 Versez la farine dans un saladier, coupez le beurre en morceaux et ajoutez-le en travaillant du bout des doigts pour que la pâte forme des miettes.

5 Couvrez le plat de miettes, mettez au four pendant environ 30 minutes.

CRUMBLE DE LÉGUMES AUX NOIX DE CAJOU

Préparation : 30 mn
Cuisson : 40 mn

Difficulté : Facile
Pour 6 personnes

- 200 g de carottes
- 200 g de brocoli
- 1 poivron vert
- 1 poivron rouge
- 2 échalotes
- 15 cl de crème fraîche
- 1 c.c. de curry

Pour la pâte :
- 150 g de farine
- 80 g de beurre
- ½ c.c. de sel
- 75 g de noix de cajou

1 Préchauffez le four à 180° (th. 6) et beurrez un plat à gratin. Épluchez les échalotes, émincez-les et faites-les blondir dans un peu d'huile. Épluchez les carottes, coupez-les en rondelles et ajoutez-les aux échalotes.

2 Lavez les poivrons et le brocoli, puis coupez-les en morceaux ; ajoutez-les et faites sauter les légumes quelques minutes. Ajoutez le curry, la crème et répartissez les légumes dans le plat.

3 Versez la farine dans un saladier, coupez le beurre en morceaux et ajoutez-le en travaillant du bout des doigts pour que la pâte forme des miettes.

4 Ajoutez les noix de cajou, mélangez, couvrez le plat de pâte et mettez au four pendant environ 30 minutes.

Conseil : si vous n'avez pas de noix de cajou, utilisez des cacahuètes à la place.

CRUMBLE DE CHOU-FLEUR AU BACON

Préparation : 25 mn
Cuisson : 40 mn

Difficulté : Facile
Pour 4 personnes

- 600 g de chou-fleur
- 4 tranches de bacon
- 10 cl de crème fraîche liquide
- Sel, poivre

Pour la pâte :
- 100 g de farine
- 75 g de beurre
- 50 g de chapelure
- 50 g de pignons de pin
- ½ c.c. de sel

1 Préchauffez le four à 180° (th. 6) et beurrez un plat à gratin. Séparez les bouquets de chou-fleur et faites-les cuire dans de l'eau bouillante salée pendant 10 minutes.

2 Égouttez le chou-fleur, mettez-le dans le plat, arrosez de crème, salez et poivrez. Coupez le bacon en petits morceaux et répartissez-le sur le chou-fleur.

3 Mettez la farine dans un saladier, ajoutez le beurre en morceaux et travaillez du bout des doigts pour obtenir une pâte sableuse. Ajoutez la chapelure, les pignons, le sel et mélangez.

4 Couvrez le chou-fleur de miettes et mettez au four pendant environ 30 minutes.

Conseil : vous pouvez très bien remplacer la moitié du chou-fleur par du brocoli pour un crumble original et coloré.

Crumble de légumes aux noix de cajou

Crumble de poireaux

CRUMBLE AU BROCOLI

Préparation : 25 mn
Cuisson : 40 mn

Difficulté : Facile
Pour 4 personnes

- **500 g de brocoli**
- **1 c.s. d'huile d'olive**
- **2 gousses d'ail**
- **1 oignon**
- **½ bouquet de persil**
- **10 cl de crème fraîche**

Pour la pâte :

- **50 g de chapelure**
- **150 g de farine**
- **90 g de beurre**
- **½ c.c. de sel**

Une nouvelle manière de déguster le brocoli.

1 Préchauffez le four à 180° (th. 6) et passez un plat à gratin à l'huile d'olive. Épluchez l'oignon, émincez-le, puis faites-le blondir dans l'huile. Lavez le brocoli, prélevez les bouquets et coupez-les en morceaux.

2 Faites cuire le brocoli pendant 10 minutes dans de l'eau salée bouillante, puis ajoutez-les aux oignons.

3 Épluchez les gousses d'ail et écrasez-les ; lavez et ciselez le persil. Ajoutez la crème, l'ail et le persil au brocoli, puis versez dans le plat.

4 Mettez la farine et le sel dans un saladier, ajoutez le beurre en morceaux et travaillez du bout des doigts pour obtenir une pâte sableuse, puis ajoutez la chapelure.

5 Couvrez les légumes de miettes et mettez au four pendant environ 30 minutes.

CRUMBLE DE POIREAUX

Préparation : 20 mn
Cuisson : 40 mn

Difficulté : Facile
Pour 4 personnes

- **1 kg de poireaux**
- **2 oignons**
- **10 g de beurre**

Pour la pâte :

- **150 g de farine**
- **80 g de beurre**
- **½ c.c. de sel**

1 Préchauffez le four à 180° (th. 6) et beurrez un plat à gratin. Épluchez les oignons, émincez-les et faites-les blondir dans un peu d'huile.

2 Retirez les feuilles extérieures des poireaux, retirez un peu du vert aussi, coupez-les en rondelles et ajoutez-les aux oignons.

3 Laissez cuire 5 minutes, puis répartissez-les dans le plat.

4 Versez la farine dans un saladier, coupez le beurre en morceaux et ajoutez-le en travaillant du bout des doigts pour que la pâte forme des miettes.

5 Couvrez le plat de pâte et mettez au four pendant environ 30 minutes.

Conseil : ajoutez un peu de fromage bleu avec les poireaux pour les parfumer.

CRUMBLE DE COURGETTES AU FROMAGE DE CHÈVRE

Préparation : 20 mn
Cuisson : 40 mn

Difficulté : Facile
Pour 6 personnes

- 4 courgettes
- 1 oignon
- 150 g de fromage de chèvre frais
- 1 c.s. de feuilles de thym
- 2 c.s. d'huile d'olive

Pour la pâte :
- 180 g de farine
- 90 g de beurre
- ½ c.c. de sel

1 Préchauffez le four à 180° (th. 6) et beurrez un plat à gratin. Épluchez l'oignon, émincez-le et faites-le blondir dans l'huile.

2 Lavez les courgettes, coupez-les en rondelles et ajoutez-les avec le thym ; laissez cuire 10 minutes.

3 Retirez du feu, ajoutez le fromage de chèvre, mélangez et répartissez dans le plat.

4 Versez la farine dans un saladier, coupez le beurre en morceaux et ajoutez-le en travaillant du bout des doigts pour que la pâte forme des miettes.

5 Couvrez les courgettes de pâte et mettez au four pendant environ 30 minutes.

Conseil : ajoutez un poivron rouge aux courgettes pour relever ce crumble.

MINI-CRUMBLES AU FROMAGE DE CHÈVRE

Préparation : 20 mn
Cuisson : 20 mn

Difficulté : Facile
Pour 6 personnes

- 1 bûche de fromage de chèvre
- 1 c.s. de feuilles de thym
- Huile d'olive

Pour la pâte :
- 50 g de farine
- 25 g de beurre
- 10 g de chapelure
- Sel, poivre

Une délicieuse gourmandise à servir en entrée.

1 Préchauffez le four à 180° (th. 6) et mettez une feuille de papier sulfurisé sur une plaque à pâtisserie. Coupez la bûche en rondelles et disposez-les sur le papier sulfurisé.

2 Arrosez d'huile d'olive, salez, poivrez et saupoudrez de thym.

3 Mettez la farine et le sel dans un saladier, ajoutez le beurre en morceaux et travaillez du bout des doigts pour obtenir une pâte sableuse.

4 Ajoutez la chapelure, couvrez les tranches de fromage de pâte et mettez au four pendant environ 20 minutes.

Conseil : laissez les mini-crumbles refroidir avant de les servir sinon ils seront trop mous.

Crumble de courgettes au fromage de chèvre

COURGETTES FARCIES EN CRUMBLE

Préparation : 30 mn
Cuisson : 40 mn

Difficulté : Facile
Pour 4 personnes

- 4 courgettes
- 1 oignon
- 1 piment rouge
- 200 g de champignons de Paris
- 1 c.c. d'herbes de Provence
- 2 c.s. d'huile d'olive

Pour la pâte :

- 100 g de farine
- 50 g de beurre
- 50 g de pignons de pin
- ½ c.c. de sel

Un crumble original qui accompagnera tous vos plats de viande ou de poisson.

1. Préchauffez le four à 180° (th. 6) et beurrez un plat à gratin.
2. Épluchez l'oignon, émincez-le et faites-le blondir dans l'huile.
3. Lavez deux courgettes et le piment, coupez-les en petits morceaux et ajoutez-les avec les herbes de Provence.
4. Émincez les champignons après les avoir épluchés ou lavés, ajoutez-les et laissez cuire 5 minutes à feu vif.
5. Lavez les deux courgettes qui restent, coupez-les en deux dans la longueur, puis videz les graines.
6. Mettez la farine et le sel dans un saladier, ajoutez le beurre en morceaux et travaillez du bout des doigts pour obtenir une pâte sableuse ; ajoutez les pignons.
7. Farcissez les courgettes de légumes, couvrez de pâte, puis mettez au four pendant environ 30 minutes.

Conseil : vous pouvez très bien ajouter d'autres légumes pour farcir les courgettes : tomates, poivrons, aubergines…

CHAMPIGNONS FARCIS EN CRUMBLE

Préparation : 25 mn
Cuisson : 30 mn

Difficulté : Facile
Pour 4 personnes

- 8 gros champignons à farcir
- 1 oignon
- 500 g de champignons de Paris
- 1 gousse d'ail
- 4 brins de persil
- 10 g de beurre

Pour la pâte :

- 100 g de farine
- 50 g de beurre
- ½ c.c. de sel

Une façon originale de présenter ce crumble aux champignons.

1 Préchauffez le four à 180° (th. 6) et beurrez un plat à gratin. Épluchez l'oignon, émincez-le et faites-le blondir dans le beurre. Épluchez l'ail, écrasez-le, lavez et ciselez le persil, puis ajoutez-les.

2 Émincez les champignons après les avoir épluchés ou lavés et ajoutez-les. Brossez bien les gros champignons à farcir et répartissez la farce dedans.

3 Mettez la farine et le sel dans un saladier, ajoutez le beurre en morceaux et travaillez du bout des doigts pour obtenir une pâte sableuse.

4 Couvrez les champignons de pâte, répartissez-les dans le plat et mettez au four pendant environ 15 minutes.

Conseil : Vous pouvez aussi préparer ce crumble directement dans un plat à gratin beurré.

CRUMBLE DE POULET AU CURRY

Préparation : 30 mn
Cuisson : 40 mn

Difficulté : Facile
Pour 4 personnes

- 4 blancs de poulet
- 1 pomme
- 1 oignon
- 1 c.c. de curry en poudre
- 10 cl de lait de noix de coco
- Sel, poivre

Pour la pâte :

- 150 g de farine
- 80 g de beurre
- 25 g de noix de coco râpée
- ½ c.c. de sel

1 Préchauffez le four à 180° (th. 6) et passez un plat à gratin à l'huile d'olive. Épluchez l'oignon, émincez-le et faites-le blondir dans l'huile. Épluchez les pommes, coupez-les en morceaux ainsi que le poulet.

2 Ajoutez le poulet à l'oignon, faites-le dorer, puis ajoutez les pommes et le curry. Versez la crème, salez et poivrez, puis répartissez dans le plat.

3 Versez la farine dans un saladier, coupez le beurre en morceaux et ajoutez-le en travaillant du bout des doigts pour que la pâte forme des miettes. Ajoutez la noix de coco, le sel et mélangez.

4 Couvrez le poulet de pâte et mettez au four pendant environ 30 minutes.

Conseil : pour avoir un plat plus complet, ajoutez deux ou trois carottes râpées au poulet avant de le mettre dans le plat.

CRUMBLE DE POULET AUX POMMES

Préparation : 25 mn
Cuisson : 40 mn

Difficulté : Facile
Pour 4 personnes

- 2 pommes
- 1 oignon
- 2 blancs de poulet
- 10 g de beurre
- Sel
- Poivre

Pour la pâte :

- 150 g de farine
- 80 g de beurre
- ½ c.c. de sel

1. Préchauffez le four à 180° (th. 6) et beurrez un plat à gratin. Épluchez l'oignon, émincez-le et faites-le blondir dans le beurre.
2. Coupez le poulet en dés et faites-les dorer avec les oignons.
3. Épluchez les pommes, coupez-les en morceaux et ajoutez-les. Salez, poivrez et répartissez dans le plat.
4. Mettez la farine et le sel dans un saladier, ajoutez le beurre en morceaux et travaillez du bout des doigts pour obtenir une pâte sableuse.
5. Couvrez le poulet de miettes et mettez au four pendant environ 30 minutes.

Conseil : pour une version très fruitée, remplacez les pommes par des mangues.

CRUMBLE AU POULET ET AU POIVRON

Préparation : 25 mn
Cuisson : 45 mn

Difficulté : Facile
Pour 4 personnes

- 2 blancs de poulet
- 1 poivron rouge
- 2 oignons
- 2 tomates
- 2 c.s. d'huile d'olive
- Sel, poivre

Pour la pâte :

- 180 g de farine
- 75 g de beurre
- ½ c.c. de sel

Quelques dés de poulet dorés et un poivron fondant pour plaire forcément à tout le monde !.

1. Préchauffez le four à 180° (th. 6) et passez un plat à gratin à l'huile d'olive. Épluchez les oignons, émincez-les et faites-les blondir dans l'huile. Lavez le poivron et les tomates, coupez-les en morceaux ainsi que le poulet.
2. Ajoutez le poulet aux oignons, faites-le dorer, puis ajoutez les tomates et le poivron. Couvrez et laissez cuire pendant 10 minutes, salez, poivrez, puis répartissez dans le plat.
3. Versez la farine dans un saladier, coupez le beurre en morceaux et ajoutez-le en travaillant du bout des doigts pour que la pâte forme des miettes.
4. Couvrez le poulet de pâte et mettez au four pendant environ 30 minutes.

Conseil : ajoutez éventuellement quelques feuilles d'estragon pour parfumer le poulet.

Crumble de poulet aux pommes

Crumble de saumon aux haricots verts

CRUMBLE DE CREVETTES AUX LÉGUMES

Préparation : 30 mn
Cuisson : 45 mn

Difficulté : Facile
Pour 4 personnes

- 2 courgettes
- 2 carottes
- 100 g de champignons de Paris
- 1 oignon
- 1 pointe de cumin
- 250 g de crevettes cuites, décortiquées
- 2 c.s. d'huile
- ½ botte de coriandre

Pour la pâte :

- 150 g de farine
- 20 g de cacahuètes concassées
- 75 g de beurre
- Sel

1 Préchauffez le four à 180° (th. 6) et beurrez un plat à gratin.

2 Épluchez les légumes, coupez-les en petits morceaux et faites-les cuire dans l'huile pendant 15 minutes avec le cumin. Lavez la coriandre, ciselez-la et ajoutez-la aux légumes avec les crevettes.

3 Mettez la farine dans un saladier, ajoutez le beurre en morceaux et travaillez du bout des doigts pour obtenir une pâte sableuse.

4 Ajoutez les cacahuètes, le sel et mélangez.

5 Couvrez les légumes de miettes et mettez au four pendant environ 30 minutes.

Conseil : si vous aimez, versez quelques gouttes de sauce de soja sur les légumes pendant la cuisson pour parfumer le crumble.

CRUMBLE DE SAUMON AUX HARICOTS VERTS

Préparation : 30 mn
Cuisson : 40 mn

Difficulté : Facile
Pour 6 personnes

- 400 g de filet de saumon sans peau
- 300 g de haricots verts
- 1 oignon
- 1 gousse d'ail
- 5 brins de persil
- 10 g de beurre
- 1 c.s. de moutarde à l'ancienne
- Sel, poivre

Pour la pâte :

- 150 g de farine
- 80 g de beurre
- ½ c.c. de sel

Un plat complet et succulent, à déguster en famille.

1 Préchauffez le four à 180° (th. 6) et beurrez un plat à gratin. Faites cuire les haricots dans une casserole d'eau bouillante salée pendant 10 minutes.

2 Épluchez l'oignon, émincez-le et faites-le blondir dans le beurre. Épluchez l'ail, écrasez-le et ajoutez-le à l'oignon ; ajoutez les haricots égouttés et le persil ciselé ; salez et poivrez.

3 Répartissez les haricots dans le plat, coupez le saumon en dés et roulez-les dans la moutarde.

4 Versez la farine dans un saladier, coupez le beurre en morceaux et ajoutez-le en travaillant du bout des doigts pour que la pâte forme des miettes. Couvrez le plat de pâte et mettez au four pendant environ 30 minutes.

CRUMBLE AU THON

Préparation : 30 mn
Cuisson : 30 mn

Difficulté : Facile
Pour 4 personnes

- 6 tomates
- 140 g de thon égoutté
- 2 oignons

Pour la pâte :
- 150 g de farine
- 80 g de beurre
- ½ c.c. de sel

Un crumble prêt en quelques minutes qui plaira à tous.

1 Préchauffez le four à 180° (th. 6) et beurrez un plat à gratin. Plongez les tomates dans de l'eau bouillante pendant quelques minutes, égouttez-les et épluchez-les.

2 Épluchez l'oignon, émincez-le et faites-le blondir dans un peu d'huile. Coupez les tomates en dés, ajoutez-les aux oignons, puis répartissez dans le plat. Répartissez le thon sur les tomates.

3 Versez la farine dans un saladier, coupez le beurre en morceaux et ajoutez-le en travaillant du bout des doigts pour que la pâte forme des miettes.

4 Couvrez le plat de pâte, mettez au four pendant environ 30 minutes.

Conseil : vous pouvez parfumer cette recette avec des herbes : thym, basilic, ciboulette…

CRUMBLE DE SAUMON AUX ÉPINARDS

Préparation : 30 mn
Cuisson : 35 mn

Difficulté : Facile
Pour 4 personnes

- 400 g de filet de saumon sans peau
- 200 g d'épinards
- ½ bouquet de ciboulette
- 1 oignon
- 2 c.s. d'huile d'olive
- Sel, poivre

Pour la pâte :
- 150 g de farine
- 80 g de beurre
- ½ c.c. de sel

1 Préchauffez le four à 180° (th. 6) et passez un plat à gratin à l'huile d'olive. Épluchez l'oignon, émincez-le et faites-le blondir dans l'huile.

2 Lavez, équeutez les épinards et ajoutez-les aux oignons ainsi que la ciboulette lavée et ciselée ; couvrez et laissez cuire 5 minutes.

3 Coupez le saumon en dés et répartissez-les dans le plat ; salez, poivrez, puis ajoutez les épinards.

4 Mettez la farine et le sel dans un saladier, ajoutez le beurre en morceaux et travaillez du bout des doigts pour obtenir une pâte sableuse.

5 Couvrez le plat de miettes et mettez au four pendant environ 30 minutes.

Conseil : vous pouvez faire cuire le saumon à l'avance pour retirer les arêtes plus facilement.

Crumble au thon

Dans la collection les *Carnets Gourmands*

Soupes gourmandes

Les 65 meilleures recettes de soupes sucrées et salées.

Apéritifs gourmands

65 recettes et idées pour des apéritifs de fête.

Charlottes gourmandes

65 recettes et idées pour réussir ses charlottes.

Verrines & verres gourmands

Les meilleures recettes gourmandes pour succomber à la tentation des verrines et verres.

Cappuccino gourmand

65 recettes et idées gourmandes pour succomber à la tentation du cappuccino revisité.

Macarons gourmands

65 recettes gourmandes inédites pour renouveler le plaisir des macarons.